J. BERJONT

DE L'ENVAHISSEMENT
DES ETRANGERS
EN
FRANCE

LES
Italiens en Provence

NATURALISATIONS

CRIMINALITÉ

PROTECTION DU TRAVAIL NATIONAL

1903
IMPRIMERIE SPÉCIALE DE LA LIGUE

DE L'ENVAHISSEMENT

DES

ETRANGERS

EN

FRANCE

LA

Provence Italienne

NATURALISATIONS

CRIMINALITÉ

[PROTECTION DU
TRAVAIL NATIONAL

1903
IMPRIMERIE SPÉCIALE DE LA LIGUE

Cet opuscule s'adresse :

A tous ceux qui portent dans leur cœur le sentiment profond, l'amour ardent de la France unie, libre, forte et prospère.

A tous ceux qui souffrent et s'attristent à la vue des déchirements intérieurs qui épuisent les forces de la Patrie et assombrissent son avenir !

CONSIDÉRATIONS GÉNÉRALES

La seule ambition qui ait présidé à l'élaboration de ce modeste travail se borne au seul et unique souci de provoquer, dans l'esprit des masses odieusement abusées par la rhétorique de certains intellectuels, un retour décisif vers la raison dépouillée de tout artifice. Les intellectuels que nous visons se distinguent du reste de la nation par leur ignorance des notions les plus simples des lois économiques qui font la richesse des peuples ou leur misère.

Ces individus affichent la prétention de posséder à eux seuls la science infuse, alors qu'ils sont, en réalité, inférieurs, sur les questions sociales, au plus modeste ouvrier.

Dans la plupart des cas, ces prétendus *Ouvriers de la pensée* ne sont que de vulgaires exploiteurs, des trafiquants éhontés des sentiments les plus nobles des classes laborieuses.

Grands pontifes d'un culte soi-disant nouveau, le culte de l'internationalisme, ils vivent grassement du produit de leurs perpétuels mensonges. Faux amis des humbles, ils sont, presque toujours en tous temps et en tous lieux, les courtisans ou les plats-valets du pouvoir, des puissants et des oppresseurs. Nés pour la trahison, la vérité qu'ils feignent de rechercher les épouvante. Combien nous préférons le simple balayeur des rues à *l'intellectuel*, qui n'a, comme valeur, qu'un orgueil incommensurable.

Le premier, du moins, joue dans la Société un rôle modeste mais utile, le second passe son temps à distiller le venin avec lequel on empoisonne l'âme du peuple.

Mais, les intellectuels de l'espèce que nous venons de dépeindre ne sont pas isolés dans leur action contre l'esprit de la nationalité française, ils sont, au contraire, puissamment aidés, dans leur besogne infâme, par une presse *douteuse* alimentée par l'or étranger, sinon par les subsides de la branche cosmopolite du grand Patronat.

Comment s'expliquer l'ardeur que mettent certains journaux à défendre les intérêts des étrangers contre les droits naturels des français, si la vénalité et la corruption ne sont pas leur vrai mobile ?

Si l'on observe l'acuité des polémiques quotidiennes entre la presse internationaliste et la presse de cette partie du grand patronat désignée plus haut, on reste confondu de l'accord, pour le moins étrange, qui s'établit spontanément entre les deux antagonistes, pour défendre l'armée des étrangers qui compromettent si gravement les intérêts matériels de nos compatriotes.

La presse du patronat intéressé prétend que

les étrangers assurent la prospérité de notre industrie. A entendre les rédacteurs de ces feuilles, aucune entreprise ne peut vivre ni prospérer en France qu'à la condition expresse que la main-d'œuvre en soit fournie par les étrangers. Cette affirmation perfide et mensongère dissimule à peine l'instinct de rapacité qui inspire cette guerre criminelle contre des Français qui n'ont que leurs bras pour unique ressource.

L'autre, la presse internationaliste, invoque des raisons d'un ordre différent: « Tous les hommes sont frères» dit-elle; même ceux qui, le soir venu, nous guettent au passage et nous plongent leur poignard dans le dos.

Qu'un grand patron expulse de ses usines tous les ouvriers français nécessiteux et pères de famille, qu'il les remplace par des étrangers venus on ne sait d'où, voilà un acte de solidarité humaine; mais alors si les grands principes de la doctrine internationaliste exigent inpérieusement que les ouvriers, fussent-ils étrangers, travaillent, pourquoi les Français sont-ils d'abord exclus ?

Cela laisse supposer que, dans le monde de l'internationalisme, le Français est considéré comme une espèce à part, n'ayant rien de commun avec l'espèce humaine. Voilà la justice, voilà la fraternité internationaliste.

On nous dit, il est vrai, que si les étrangers envahissent nos ateliers, nos chantiers, nos quais, nos usines, nous sommes libres d'aller chercher du travail chez eux, hors de France, dans ce même pays qu'ils ont momentanément abandonné, les uns pour se soustraire aux recherches de la justice, les autres dans un but purement intéressé.

Ainsi donc, vous qui êtes nés sur la terre de France, vous qui avez donné au service de notre pays trois années de votre belle jeunesse, si, un jour, un étranger vous remplace à l'usine, si vos efforts à découvrir du travail nouveau demeurent infructueux, si la misère qui vous presse en est la conséquence, si vos enfants dépérissent épuisés par les privations et demandent du pain, ne cherchez point, pour cela, à troubler la douce harmonie des conceptions internationalistes.

La prospérité industrielle, le coffre-fort des grands entrepreneurs, la vie joyeuse des grands pontifes du cosmopolitisme ainsi que l'humanité, selon la formule nouvelle, exigent le sacrifice inexorable de vos droits à l'existence sur le vieux sol gaulois !

Allez-vous en, quittez la France, cédez la place, c'est votre nouvelle destinée ! Et si vous arrivez, dans votre course vagabonde à travers le monde, à fouler certaine terre d'où sont venus chez vous ceux qui mangent votre pain, vous constaterez que les Français n'y sont point accueillis en *frères*, que, s'il leur arrive parfois de forcer l'entrée du chantier ou de l'usine à l'étranger, les clameurs s'élèvent aussitôt menaçantes, terribles, les couteaux s'aiguisent, les complots se préparent dans l'ombre contre la vie

des intrus. C'est là la *fraternité humaine*, telle
que la comprennent les compatriotes de ceux qui
viennent chez nous affamer les familles de nos
travailleurs.

Vous constaterez encore que les refrains bel-
liqueux et l'*hymne national* y remplacent le chant
de l'*Internationale*; que les têtes couronnées
y sont partout exaltées, que la visite des souverains hostiles à la France ou de quelque person-
nage marquant de la Triplice fait éclater parmi le peuple un enthousiasme délirant.

Vous aurez alors la vision nette et précise de la
vérité vraie, à savoir : que l'esprit de convoitise
dirige la politique de certaines nations qui nous
entourent; que les hommes, en dépit de l'évangile
internationaliste, sont aujourd'hui ce qu'ils étaient
autrefois, c'est-à-dire poussés par les mêmes
appétits, par le même instinct de férocité.

Qu'on le veuille ou non, c'est toujours la même
lutte qui s'impose, lutte pour notre sécurité per-
sonnelle, lutte plus âpre pour notre droit à l'existence. Malheur donc aux nations comme aux individus qui croient pouvoir vivre d'illusions et
de chimères au milieu d'un monde sans cesse
agité par la fièvre des intérêts. Ceux-là disparaissent fatalement qui hésitent ou qui ne savent pas
défendre leurs droits contre les atteintes du voi-
sin.

Certes, nous avons le devoir d'être bons et généreux, mais nous ne devons pas oublier que
nous nous devons à nous-mêmes de ne pas être

les dupes de nos propres sentiments ; nous avons un patrimoine à défendre, le patrimoine du « Travail national », et ce travail est d'autant plus précieux pour les humbles qu'il constitue le seul Trésor qu'ils possèdent dans la Nation.

Fous ou criminels ceux qui contestent aux travailleurs français la pleine possession de ce modeste héritage, car, en violant la charte nationale sur laquelle repose la communauté des intérêts de tous les enfants de la France, ils se montrent nos ennemis et s'excluent d'eux-mêmes des rangs de la grande famille française.

Ah ! nous savons bien qu'il importe peu aux princes de la haute finance, de devenir — s'ils ne le sont déjà — les sujets du roi d'Italie ou de l'empereur d'Allemagne ; nous savons également que certains grands industriels ne se réclament de la Patrie, que pour l'or qu'ils lui soutirent (1).

Mais tous ces gens-là ne forment dans la Nation qu'une minorité infime, dangereuse seulement par son audace pour corrompre et pour semer, parmi les masses laborieuses, l'erreur qui lui assure son règne.

Travailler à détruire cette erreur en éclairant la conscience de nos concitoyens, voilà l'œuvre à laquelle nous allons consacrer, avec

---

(1) Nous connaissons des industriels investis d'un mandat public, très enviable, qui n'en remplacent pas moins dans leurs usines ceux qui les ont élus par des ouvriers étrangers.

notre modeste expérience, tout ce que nous pos-
sédons de volonté et d'énergie.

L'ENVAHISSEMENT DES ÉTRANGERS

Le nombre des étrangers de toutes conditions qui vivent actuellement chez nous peut
être évalué, sans crainte d'exagération, au chiffre de 1.800.000, soit près de 5 p. 100 de la
population totale. Cette proportion, quoique
vraiment anormale, serait un danger moindre
si elle était également répandue sur toute l'étendue du territoire français.

Malheureusement, les travaux agricoles étant
à la fois intermittents et mal rétribués (1), les
étrangers les dédaignent et s'en éloignent, pour
se porter en masse vers les centres industriels, où ils vont disputer à nos nationaux les
salaires plus ou moins élevés à eux payés par
l'industrie. C'est ainsi que, dans la plupart des
centres, la population ouvrière française est,
dès aujourd'hui, numériquement inférieure à la
population ouvrière étrangère. C'est l'envahissement.

Nous devons dire, pour la clarté même de
la question qui passionne l'universalité des travailleurs français, que, sur le chiffe de 1.800.000
individus établis chez nous, 60.000 à peine vi-

---

(1) La concurrence étrangère ayant provoqué la baisse
de tous les produits du sol, les salaires agricoles n'ont pas
pu suivre la même progression que les salaires payés par
l'industrie.

vent de leurs revenus, c'est-à-dire nous apportent de l'argent. Les autres, plus de 1.700.000, nous en prennent, tout en échappant à la plupart des charges qui pèsent sur nos nationaux.

Les Français de condition modeste subissent donc à eux seuls le contre-coup économique déterminé par cette invasion.

Dans certaines villes, à Marseille par exemple, la majeure partie des grandes usines ont éliminé de leur personnel jusqu'au dernier de nos nationaux.

Les quais, les chantiers de construction et de réparation des navires, les chantiers du bâtiment et du terrassement, les ateliers de chaudronnerie et de constructions mécaniques, les ateliers de confection de l'habillement et de la chaussure, la pêche et les travaux à la mer, la menuiserie, l'ébénisterie, la sculpture, tout cela est devenu la proie à peu près exclusive de la main-d'œuvre étrangère.

Le petit patron français, lui aussi, disparait peu à peu et, bientôt, il ne subsistera plus qu'à l'état de souvenir. En effet, à côté ou en face du modeste atelier où quelques ouvriers français vivent avec leur chef — ouvrier comme eux — du produit de leur travail journalier, un étranger a créé un établissement similaire fermé à nos nationaux. Le nouveau venu s'est entouré d'ouvriers de sa nationalité, il les nourrit... aussi mal que possible, il les loge, ou plutôt les entasse dans un réduit ou dans une mansarde. Grâce à cette exploitation éhontée de ses compatriotes, le petit patron étranger produit à vil prix la camelote qu'il écoule chez cet autre ennemi : le Grand Magasin.

On retrouve encore l'étranger implanté en maître comme garçon d'hôtel ou de café, comme ouvrier boulanger, homme de peine, charretier, etc., etc.

Dans un certain monde bourgeois, chez les grands industriels principalement, les gens de service : bonnes, femmes de chambre, lingères, cuisinières, nourrices, gouvernantes, cochers, laquais, sont de nationalité étrangère.

Les laiteries, les épiceries, les buvettes, les restaurants, les marchands de bric-à-brac, etc. tenus par des étrangers sont en plus grand nombre que ceux tenus par nos nationaux.

Les sociétés musicales françaises sont frappées à mort par la même concurrence.

Ces intéressantes sociétés, si nombreuses il y a quelque temps à peine, vivaient et prospéraient avec le produit de leurs sorties payantes ; en outre, la plupart de leurs membres tiraient encore de l'exercice de l'art musical un profit personnel plus ou moins grand, en formant des orchestres à la disposition des cercles, bals, réunions, etc.

Les étrangers, les Italiens, puisqu'il faut les appeler par leur nom, ont créé de nombreuses sociétés concurrentes, et ces sociétés ont réduit à des limites extrêmes de bon marché le prix des sorties payantes ainsi que celui des orchestres pour soirées.

Aujourd'hui, lorsqu'une société musicale défile dans les rues de Marseille, c'est presque toujours une musique italienne, escortée par des Italiens. Parfois, le Consul d'Italie ouvre triomphalement la marche du cortège. L'attitude, l'expression des visages en cette circonstance, révèlent un état d'esprit affirmant l'assurance d'être en pays conquis. Ce ne sont plus, en effet, des exécutants qui se mettent en évidence dans un but purement artistique et de simple parade ; c'est plutôt la démonstration d'une force agissante, ayant cette signification qu'elle peut, au besoin, imposer la loi, et le drapeau italien qui les précède toujours, claque en vainqueur sous le souffle du mistral.

Marseille n'est-elle pas une ville italienne ? Pour un très grand nombre des sujets du roi Victor-Emmanuel, la question n'est point douteuse. Et, de fait — en attendant mieux — celui qui tient entre ses mains la fortune économique de la ville de Marseille c'est M. le Consul d'Italie. Sur un simple mot d'ordre donné à ses nationaux, il peut ruiner la marine, le port, le commerce et l'industrie de la 2me ville de France.

Mais, revenons à notre sujet. Le tableau qui précède, de l'envahissement des étrangers, serait incomplet si nous passions sous silence l'énorme contingent des mendiants qui pullulent dans les rues et dans les environs de Marseille.

D'autre part, l'armée du crime est représentée par des bandes nombreuses, savamment organisées. Les malfaiteurs pillent, volent, assassinent avec une audace qui répand la terreur. 95 p. 100 des crimes qui souillent la cité marseillaise sont imputables à ces bandes.

L'invasion des étrangers a déjà pris une place inquiétante dans le domaine du fonctionnarisme. En effet, grâce à la violation de l'esprit et de la lettre de la loi sur la naturalisation, plusieurs étrangers, fraîchement débarqués sur notre sol et appuyés par des influences malsaines, ont été pourvus d'emplois importants dans l'administration de la ville et dans les services de l'Etat.

On chercherait en vain les raisons majeures qui ont pu militer en faveur de ces étrangers contre nos nationaux. Les postulants français aux fonctions publiques ne font pourtant point défaut chez nous.

Nombreux sont, on le sait, ceux de nos compatriotes dont la situation est autrement intéressante que celle des aventuriers transalpins que l'on improvise citoyens français.

D'autres, des naturalisés encore, sont devenus les entrepreneurs du Gouvernement français. Il est superflu d'ajouter que ces nouveaux citoyens, se rappelant leur origine étrangère, ne prennent au service de leur entreprise que des ouvriers de leur ancienne nationalité.

Singulier amour pour la France vraiment, et

comme elle sera bien servie le jour où elle aura
à défendre son territoire contre les attaques
combinées des armées de la triple alliance. En
ce qui concerne Marseille, nous pourrions longtemps encore répéter nos citations, multi-
plier les exemples, mais nous estimons que les
éléments d'appréciation qui précèdent suffisent
à caractériser le danger national qui découle de
cet envahissement toujours plus grand.

Au point de vue social, l'invasion incessante
de cet élément déterminera tôt ou tard des crises
violentes, dont les conséquences redoutables
sont faciles à prévoir. « La misère, dit-on, est
mauvaise conseillère » : or, à l'heure actuelle,
de quelque côté que se retourne l'ouvrier, l'employé, le petit commerçant, le petit industriel, le
travailleur de toutes les conditions, il est ruiné,
écrasé, anéanti par l'énorme poussée de l'élément étranger qui envahit tout, déborde tout,
absorbe tout. Telle est la situation économique
et nationale de la ville de Marseille.

*
* *

L'envahissement des Italiens s'étend rapide-
ment à toute la Provence. Les exploitations qui s'y
trouvent disséminées, fixes ou accidentelles, sont
la proie de la main-d'œuvre étrangère. La ville
d'Avignon elle-même, bien que n'ayant point
d'industrie capable d'inviter les étrangers à
s'établir chez elle, se trouve aujourd'hui gravement atteinte par le même fléau. Nous ne par-

lerons pas de Toulon, où le mal sévit avec autant de violence qu'à Marseille.

Cette infiltration des Italiens à travers la Provence procède, n'en doutez pas, d'un plan préconçu, d'une organisation absolument méthodique, en vue de telle ou telle éventualité. La preuve d'une semblable organisation, nous la puisons : 1° dans ce fait anormal et significatif que les Compagnies italiennes de navigation transportent pour rien des cargaisons complètes d'individus, qu'elles débarquent sur le port de Marseille ; 2° dans l'attitude de ces mêmes Compagnies qui exigent au repatriement le montant intégral du prix de la traversée.

D'autre part, les agents de la monarchie italienne secondent de toutes leurs forces l'expansion sur le sol provençal des sujets de leur nationalité.

Le mouvement d'invasion de la Provence par l'élément transalpin constitue donc un mouvement tout-à-fait insolite, et il est provoqué, soutenu et subventionné par le Gouvernement du roi d'Italie.

A l'appui des affirmations qui précèdent nous ferons remarquer que M. le Consul d'Italie n'ignore pas l'état de profonde misère qui en résulte pour nos nationaux. Il n'ignore pas non plus qu'un assez grand nombre de ceux des siens qui, malgré eux peut-être, ont été jetés sur la vieille terre provençale, en sont eux-mêmes réduits à chômer, que cette situation d'étrangers sans moyens et sans travail est l'une des causes de l'insécurité de la vie et des biens de nos compatriotes. Il nous semble donc que dans des circonstances aussi critiques, ce haut fonctionnaire de la monarchie italienne aurait dû user de son influence et de son autorité auprès de son Gouvernement, pour faire diriger sur un point moins encombré le trop-plein de sa nation. C'est même son devoir absolu d'agent consulaire, de signaler à ses compatriotes les déceptions et les périls d'ordre économique auxquels ils s'exposent en se dirigeant vers un pays où tant de bras sont déjà inoccupés.

Il est vrai qu'une intervention consulaire serait inefficace, si elle se produisait sans l'autorisation et sans l'appui effectif du Gouvernement italien. Or, l'intérêt de la monarchie italienne, le maintien des privilèges de la haute finance exigent impérieusement l'éloignement du territoire de la péninsule de tous les éléments besogneux ou turbulents suceptibles de troubler la quiétude du trône. Les dirigeants de l'Etat italien évitent donc les crises et les mouvements révolutionnaires en imposant à une nation voisine le soin de contenir et de faire vivre une partie de leurs nationaux.

En dehors de ces préoccupations d'ordre intérieur, il en est d'autres qui s'inspirent évidemment des desseins machiavéliques de feu le Sicilien Crispi. L'annexion de la Provence à la couronne d'Italie, telle fût, on le sait, l'idée maîtresse qui suscita contre nous toutes les intrigues et toutes les provocations de l'ancien révolutionnaire devenu sur le tard l'un des piliers de la royauté. Donc, aujourd'hui comme hier, pour les chauvins transalpins, la Provence deviendra une proie facile lorsqu'elle aura été peuplée en nombre considérable de sujets italiens naturellement hostiles à la France.

Dans le cas d'une conflagration européenne, les armées italiennes tenteraient aussitôt le passage des Alpes ; or, dans l'esprit des grands stratèges italiens, le désarroi le plus complet dans nos moyens de défense sera provoqué par le soulèvement spontané sur tous les points de la Provence des 300.000 sujets de la couronne qui y vivent actuellement. C'est donc à la faveur du pillage , du meurtre et de l'incendie, que les chauvins de la péninsule espèrent pouvoir écraser nos forces et faire flotter leur drapeau sur toute l'étendue de cette région. Dans cette œuvre éventuelle de destruction par le fer et par l'incendie, les premières victimes désignées à l'avance aux coups des envahisseurs, seront précisément celles qui auront facilité l'établissement chez nous des éléments transalpins chargés de préparer l'invasion de notre sol.

On tentera peut-être de nous reprocher de dramatiser comme à plaisir des événements dont l'échéance est plus ou moins problématique.

A ces âmes candides, à ceux qui aiment à s'endormir d'un profond sommeil au milieu des dangers qui les menacent, nous montrerons l'hostilité audacieuse, insolente, de l'immense majorité des Italiens que nous accueillons avec tant de facilité. En effet, dans les ateliers, dans les chantiers et dans les usines où ils remplacent nos nationaux ils ne se gènent point pour bafouer la France, ni pour critiquer ouvertement les actes, quels qu'ils soient, du gouvernement de notre pays.

D'un autre côté, nous leur montrerons également la statistique effrayante des crimes monstrueux qui ensanglantent journellement la vieille terre de Provence. Et cependant, lorsque des Français succombent la poitrine vingt fois percée par le couteau d'un lâche italien, rares sont les exemples, si toutefois il en existe, où les compatriotes de ce dernier aient aidé la justice française dans la répression du crime en livrant ou en dénonçant le nom du meurtrier. Si déjà et en pleine paix la sécurité publique est à ce point compromise par l'élément étranger, il est facile de prévoir les actes de pure sauvagerie qui se commettraient contre nous en temps de guerre.

Quoiqu'il en soit de l'avenir, il n'est plus possible aujourd'hui de se méprendre sur le caractère réellement dangereux pour l'ordre public qui résulte de la présence sur notre territoire d'une véritable tourbe d'étrangers. La gravité de ce danger a été officiellement reconnue et proclamée par M. Mastier, l'honorable préfet des Bouches-du-Rhône.

En effet, lors de la dernière grève des inscrits maritimes de Marseille une délégation des grévistes se présenta — le 27 novembre 1902 —

dèvant le premier magistrat du département. Comme suite à l'exposé des revendications professionnelles, la délégation protesta contre les mesures de police ; elle sollicita en outre le retrait des troupes chargées du maintien de l'ordre sur les quais du port de Marseille.

« *Messieurs*, répondit M. le Préfet, *j'ai la plus grande estime pour les ouvriers, pour les marins surtout qui sont des soldats habitués au devoir. Je ne doute pas de la sincérité de vos assurances, mais je dois avoir la préoccupation de l'ordre public et la population, à Marseille, ne se compose pas exclusivement de braves marins. Elle se compose aussi* d'éléments étrangers qui sont toujours prêts à provoquer des troubles et à profiter du désordre qui en résulte. *Je dois être prêt à intervenir le cas échéant.* »

Eh bien, lorsqu'un fonctionnaire d'un rang aussi élevé dans la hiérarchie de l'Etat, lorsqu'un Préfet, disons-nous, fait entendre des paroles aussi graves sur le compte des étrangers, il faut évidemment que le péril signalé soit encore plus grand et plus immédiat qu'on ne le supposait tout d'abord.

Mais, il ne suffit pas de dénoncer un danger pour qu'il disparaisse aussitôt. La conclusion logique du langage de M. le Préfet des Bouches-du-Rhône comporterait l'expulsion radicale du territoire français de la horde étrangère qui menace notre sécurité intérieure.

Cette solution, la seule pratique, la seule qui

s'impose avec force, dispenserait les pouvoirs publics de recourir à une véritable mobilisation, dans l'unique but de protéger l'ordre menacé par des étrangers.

Telle est sommairement exposée, la situation créée en Provence par l'envahissement de l'élément étranger.

D'un autre côté, sans emprunter, comme en Provence, le même caractère de gravité au triple point de vue de la vie économique, de l'ordre public et de la sécurité nationale, l'intrusion des étrangers dans certaines régions ou villes françaises, n'en est pas moins une cause de chômage pour nos nationaux.

A Remiremont, Tourcoing, Roubaix, Lille et dans tout le département du Nord, nos industries sont littéralement envahies par les étrangers. Des trains entiers amènent tous les matins de Belgique des ouvriers par milliers. Le soir, ces mêmes ouvriers reprennent le train, pour aller reporter de l'autre côté de la frontière le produit du travail enlevé à nos nationaux.

Les Allemands et leur alliés les Italiens, disputent à nos nationaux leur place dans les industries et les exploitations de la région de l'Est. Au Creusot, établissement qui reçoit de grosses commandes de l'Etat, le personnel ouvrier se compose en grande majorité d'ouvriers allemands et italiens.

Les Italiens se retrouvent partout ; partout aussi ils se norrrissent de rien, ce qui leur per-

met de travailler à vil prix. C'est à cette particu-
larité qu'ils doivent leur dénomination de *Chinois
d'Europe*.

A Paris on compte 60.000 Allemands, alors
que 300 Français à peine vivent à Berlin. Toutes
les professions parisiennes sont absorbées par
les étrangers.

Dans ce mouvement d'invasion qui submer-
ge la France, le Gouvernement de la République
a sa large part de responsabilité ; à vrai dire,
il l'assume tout entière, car il a laissé et laisse
encore nos travailleurs sans moyens de défense
contre l'élément étranger. Bien mieux, il a lui-
même fait appel à la main-d'œuvre étrangère
et aux entrepreneurs fraîchement naturalisés
pour les besoins de leur cause. En effet, depuis
nos désastres de 1870, tous nos ouvrages de défense nationale ont été construits par des ouvriers étrangers. Les forts des Alpes dirigés pourtant contre les visées belliqueuses de l'Italie,
sont l'œuvre exclusive de la main-d'œuvre italienne.

Tout récemment encore 96 0ῃ0 d'étrangers
étaient occupés à la construction des casernes
Géradmer. A Marseille, la vaste caserne des
douaniers — en ce moment inachevée — a été
construite par un personnel ouvrier de nationalité
étrangère.

Les fournisseurs de l'armée et de la marine
utilisent également la main-d'œuvre étrangère

pour la confection de l'habillement, de la chaussure, du harnachement etc.

**

Après les ateliers, les chantiers et les usines, nos bureaux et nos magasins commencent, à leur tour, à être envahis d'une façon raisonnée et progressive par les étrangers. Ils accourent en France de tous les points du monde, supplantent nos compatriotes du haut en bas du commerce et de l'industrie. C'est à Paris que le mal fait le plus de ravages. De la capitale il s'étend à la Province où il fait sentir déjà ses funestes effets par l'augmentation considérable de nos nationaux sans emploi. Dans le commerce et l'industrie, c'est l'Allemand qui a su accaparer chez nous la plus grande place ; nous le prendrons donc pour type, mais ce qui sera dit pour lui, le sera également pour les autres.

De même qu'en 1870 la campagne fut préparée de longue date, au cœur même de notre pays, par l'étude minutieuse de notre organisation et de nos ressources militaires, de même aujourd'hui la conquête commerciale se fait lentement mais sûrement par l'envoi chez nous de nombreux agents, représentants, employés, commis, etc.

Leur objectif est :

1° L'étude de notre langue ;

2° L'apprentissage de notre commerce ;

3° La connaissance approfondie de notre fabrication ;

4° L'étude de notre goût et de notre sens artistique.

Très souvent, le jeune Allemand qui arrive chez nous pour chercher une position est le fils d'un commerçant ou d'un industriel. Sa famille est toujours aisée. Il a fait ses études et parfois même, il est muni de diplômes et il connaît plusieurs langues.

Présenté par ses parents, par ses amis ou par ses relations, son entrée dans une maison de commerce lui est facilitée par les rapports d'affaires que le patron entretien avec des négociants Allemands. Il est toujours le bienvenu là où un compatriote échouera.

Si par exception il arrive en inconnu, il n'a que l'embarras du choix pour trouver un de ces nombreux groupes d'Allemands qui, avec l'appui de leurs consuls se soutiennent et se signalent les maisons qui peuvent les accepter dans leur personnel.

Aidé par sa famille, le jeune Allemand a des prétentions très modestes ; il n'est pas rare même qu'il se présente sans demander d'appointements. Il ne vient pas, en effet, pour gagner de l'argent, mais bien pour voir et étudier.

L'employé français est donc dans des conditions d'infériorité trop marquées pour pouvoir lutter avantageusement contre l'employé étranger venu chez nous pour espionner notre commerce et notre industrie.

Cependant, le péril n'est pas moins à

craindre pour le commerçant que pour l'employé, car, naturellement, après avoir pendant plusieurs années étudié en toute liberté notre commerce, notre industrie, et s'être imprégné de notre art national, ce jeune homme retourne dans son pays et nous fait une concurrence d'autant plus redoutable que notre fabrication n'a plus de secrets pour lui.

Ainsi donc, pour une économie insignifiante réalisée sur les frais du personnel, des patrons parisiens et même des provinciaux n'hésitent pas à sacrifier leur avenir propre ainsi que l'avenir de leurs enfants en facilitant par un égoïsme stupide la création à l'étranger d'industries dont ils avaient jusqu'alors le monopole exclusif.

On se plaint aujourd'hui de la concurrence allemande ; on nous dit que les « articles de Paris » ont trouvé des imitateurs allemands qui en ont avili le prix sur tous les marchés du monde. Mais à qui la faute ? A ceux-là même qui se plaignent tout en continuant les mêmes errements.

AUX COLONIES

C'est une banalité que d'affirmer la présence du même mal dans nos colonies les mieux situées au point de vue géographique. L'Algérie et la Tunisie, celle-ci surtout, sont dévorées par les étrangers. Nos colonies ne servent en réalité qu'à héberger une véritable armée de fonctionnaires plus ou moins utiles à la colonisation. Le résultat on le connaît : charges écrasantes pour la métropole qui assume la responsabilité de l'ordre et de la sécurité du commerce, au seul profit des sujets de nationalité étrangère.

Nous avons en Tunisie 14.000 fonctionnaires pour 10.000 colons nationaux. Les gouvernements étrangers, qui n'ont eux ni charges administratives ni responsabilité d'aucune sorte, ont installé dans cette colonie 90.000 des leurs. Pourquoi a-t-on toléré le débarquement de cette nuée de parasites! A défaut de colons français, ne serait-il pas préférable de favoriser et de civiliser l'élément indigène, au lieu de laisser des étrangers s'emparer de tout, pour devenir plus tard la force qui nous chassera de nos positions?

Dans tous les cas, la prévoyance exige la mise en réserve de l'excédent momentané de nos biens dont l'utilité se fera sentir un peu plus tard. N'est-ce pas aussi notre droit ? Ne sommes-nous donc pas les maîtres d'administrer nos biens au mieux de nos intérêts ?

Etre ou ne pas être, et si la France ne peut rien sans la permission des nations voisines, eh bien alors, que l'on crie haut qu'il n'y a plus de France !

Quand aux efforts tentés dans les milieux officiels pour attirer nos nationaux vers les colonies, ils sont depuis longtemps condamnés à demeurer stériles en résultats pratiques. En effet, les seuls français susceptibles de s'expatrier pour aller défricher des terres coloniales sont ceux qui ne possèdent rien ; ... et de ceux-là on n'en veut pas ? On préfère les voir s'exposer à peupler les prisons de la métropole pour des délits de va-

gabondage plutôt que de contribuer par un effort
persévérant à l'expansion de notre race sur le
sol africain. Or, avec l'argent qui sert à entrete-
nir aux colonies tout une légion de fonctionnaires inutiles, quoique grassement rétribués, le
gouvernement pourrait envoyer tous les ans, en
Algérie ou en Tunisie plus de 20.000 familles de
français nécessiteux. Il suffirait, pour cela,
de leur accorder des concessions gratuites, de
leur faciliter au début l'exploitation des terres
concédées, de veiller à ce que la misère ne vienne pas abattre les courages, faire fléchir les éner-
gies les mieux trempées.

L'œuvre de la colonisation ainsi conduite serait une œuvre vraiment grandiose aussi bien au
point de vue social qu'au point de vue national ;
mais nos gouvernants d'hier, d'aujourd'hui et
de demain peut-être ne sont pas nés pour accom-
plir de si grandes choses.

Les nécessités du Trésor toujours à sec, les
exigences toujours plus grandes de la gent pa-
rasitaire, dominent en eux le souci des solutions
à donner aux grands problèmes d'ordre social et
de prospérité nationale.

Et sous prétexte qu'un bien offert en cadeau
n'attache point à lui le colon venu pour le mettre
en valeur, nos gouvernants ravalent l'Etat français au rôle de marchand de terres en friches. Ils
se font donc payer très cher le droit de porter
au delà des mers la civilisation et le rayonne-
ment du prestige de la France.

Les nations voisines ont une conception différente de celle de nos gouvernants en ce qui concerne l'expansion de leurs forces par la colonisation. Exemple : grâce aux encouragements et à l'appui pécuniaire de leur gouvernement, les Italiens sont représentés en Tunisie par une colonie forte de 85.000 des leurs. Les nôtres sont 10.000 à peine, et sur une terre française ils sont eux, les étrangers, dix fois plus nombreux.

De l'autre côté des Alpes, le Trésor alimente le mouvement d'émigration de l'élément besogneux tandis que chez nous on utilise ce mouvement pour alimenter le Trésor ???

DES NATURALISATIONS

Les législateurs de 1889 ont commis l'imprudence de rendre la naturalisation accessible au premier venu en supprimant à peu près complètement les formalités exigées jusqu'alors des étrangers qui voulaient devenir Français.

En effet, d'après les dispositions nouvelles apportées à l'article 8 du code civil, peuvent être naturalisés :

1° Les étrangers qui ont obtenu l'autorisation de fixer leur domicile en France, après un séjour de trois ans de domicile à dater de l'enregistrement de leur demande au ministère de la justice ;

2° Les étrangers qui peuvent justifier d'une résidence non interrompue pendant dix années ;

3° Les étrangers admis à fixer leur domicile en France après un an, s'ils ont rendu des services importants à la France, s'ils y ont apporté des talents distingués, ou s'ils y ont introduit soit une industrie, soit des inventions utiles, ou s'ils ont créé soit des établissements ou autres, soit des exploitations agricoles, ou s'ils ont été attachés, à un titre quelconque, au service militaire dans les colonies et les protectorats français.

4° L'étranger qui a épousé une femme française, aussi après une année de domicile autorisé.

Il est statué par décret sur la demande de naturalisation, après une enquête sur la moralité de l'étranger.

Comme l'on peut en juger par l'examen attentif des dispositions qui précèdent, la naturalisation peut s'obtenir et s'obtient avec une extraordinaire facilité.

Tous les rebuts des cinq parties du monde peuvent acquérir la qualité de citoyen français. Bien mieux, le législateur de 1889 a imposé la qualité de Français à des gens auxquels jusquelà le hasard d'une natalité française accordait simplement la faculté d'une option.

Le résultat inévitable de cette loi a été que les naturalisations ont décuplé. De 1867 à 1889, en vingt-deux ans, il n'y avait eu que 10.000 naturalisations. De 1890 à 1900, en dix ans, il y a eu 92.000 naturalisations proprement dites et, en outre, 52.000 personnes devenues françaises par simple déclaration.

Que valent ces 144.000 nouveaux français ? Ils valent tout juste ce que peuvent valoir des gens qui abandonnent en hâte leur nationalité d'origine. Sauf quelques honorables exceptions, les Français de fraiche date que nous devons au régime de la loi de 1889 sont, en immense majorité, des non-valeurs, des gens qui sont venus, non pour nous aider, mais dans un but purement et uniquement intéressé, pour nous exploiter, pour nous diviser et pour mieux nous combattre.

Les preuves que l'esprit de leur ancienne nationalité subsiste tout entier chez ces nouveaux Français, nous les puisons à pleine main dans tous les actes de leur vie publique ou privée dans leur nouvelle patrie.

A Marseille, comme partout ailleurs, les Italiens naturalisés Français affichent ostensiblement la solidarité la plus grande à l'égard de leurs anciens compatriotes. Ils forment avec ces derniers un bloc très compact, très homogène, qu'ils opposent en toute circonstance, aussi bien aux intérêts *particuliers* de nos nationaux qu'aux intérêts généraux de la France.

Rares sont les industriels et les commerçants naturalisés qui consentent à occuper un des nôtres. A l'atelier et à l'usine qui ont des contremaîtres naturalisés, l'élément français a été peu à peu mis à la porte et remplacé par des ouvriers transalpins.

Les propos les plus saugrenus, les épithètes les plus malsonnantes, les injures et les menaces accablent les Français qui s'attardent à laisser leur place à la disposition des nouveaux venus.

Le couteau, toujours le couteau, a fait son œuvre aussi et ils sont légion ceux des nôtres qui ont payé de leur vie leur obstination trop longtemps soutenue à résister aux vœux des envahisseurs.

Après avoir aidé les leurs à conquérir sur nous le travail qui faisait vivre les nôtres, les Italiens naturalisés Français marchent dès maintenant à la conquête de l'Hôtel-de-Ville de Marseille. Dans cette ville, ils disposent, on le sait, d'une force électorale considérable qu'ils font mouvoir avec un ensemble parfait.

En période électorale, ils multiplient leurs réunions plus ou moins publiques, dans lesquelles on acclame l'abolition des frontières, la destruction de l'armée nationale et le chambardement de la société française. Tout est prétexte à conspuer la France dans sa tradition, dans son avenir, dans ses gloires et dans sa grandeur.

Les procès-verbaux de ces réunions encombrent tous les jours les colonnes des organes internationalistes et portent comme signataires des noms naturellement italiens.

Vraiment, la lecture de la chronique électorale des journaux internationalistes nous fait éprouver la sensation bien vive de n'être plus chez nous ; on se croirait plutôt transporté à Naples, à Palerme, avec cette différence pourtant que, dans ces villes, l'armée, la patrie et même le roi y sont l'objet du respect et de la sympathie des populations.

Les comités électoraux marseillais qui préparent une élection municipale, se préoccupent avant tout des dispositions, de l'état d'esprit des

Italiens naturalisés Français. Plusieurs de ces derniers figurent sur les listes d'opinions les plus opposées, chacun des comités espérant par ce moyen attirer à lui les suffrages des naturalisés.

Ce stratagème ne les trompe guère et leurs voix font balle contre la liste soupçonnée de sympathie pour l'élément français. Les élections doivent être italiennes.....

En somme, on commence à s'apercevoir que la situation politique à Marseille a déjà quelque analogie avec celle qui existe dans une partie de l'empire d'Autriche où Allemands et indigènes se livrent à des luttes acharnées.

La race française, fortement entamée dans cette ville, sera sûrement débordée avant peu, si l'on ne se décide à arrêter enfin la marée montante des naturalisations. Sans même risquer le sort incertain des batailles, les Italiens parviendront à faire flotter leur drapeau, ou tout au moins à s'installer à l'Hôtel-de-Ville de Marseille.

Au point de vue national, les étrangers naturalisés Français seront plutôt une cause de faiblesse pour nos armées. Que feraient, en effet, en cas de guerre contre l'Italie et contre l'Allemagne les originaires de ces deux nations, devenus français par la naturalisation ? Qu'elle serait, dans cette éventualité, leur attitude s'ils étaient appelés sous nos drapeaux ? Feraient-ils feu contre leurs anciens compatriotes ? Evidemment non. Nul non plus ne songerait à les blâmer s'ils passaient à l'ennemi. Pourquoi donc les admettre à faire partie de la nationalité française? Où est-elle la force apparente ou réelle qu'ils apportent à la France ? L'augmentation du chiffre de sa population ? Mais c'est là précisément tout le péril. L'homme ne s'improvise pas et tel qui nous vient de l'Italie ou de l'Allemagne restera Italien ou Allemand en dépit de la naturalisation française qu'il aura sollicitée et obtenue.

La naturalisation est donc un acte contre nature dans l'accomplissement duquel les sentiments d'affection pour notre pays font place à un plan préconçu d'exploitation à notre détriment des ressources de la France. Plus sera grand le nombre des naturalisés, plus grande sera notre faiblesse au double point de vue de l'unité morale et des forces défensives de la nation française. Les naturalisés joueront un jour, chez nous, le même rôle dissolvant que jouèrent les étrangers admis dans les légions de l'Empire Romain. Ils nous conduiront fatalement à notre perte.

En admettant même que le danger de l'absorption de notre race soit considéré comme un péril plus ou moins lointain, des raisons très pressantes d'ordre économique que nous développerons plus loin, exigent impérieusement non seulement la suppression absolue des naturalisations, mais encore la révision en nullité de l'immense majorité de celles qui ont été accordées jusqu'à ce jour. (1)

---

(1) Les Alsaciens-Lorrains étant considérés comme des

DES CONSÉQUENCES SOCIALES
Qui résultent de la concurrence étrangère.

Au point de vue de la valeur, la main-d'œuvre est plus ou moins assujetie aux mêmes lois économiques qui font fléchir ou font hausser le cours d'un produit généralement quelconque.

C'est ainsi que lorsque la main-d'œuvre abonde et dépasse les besoins du moment, celle qui demeure inoccupée s'offre avec insistance au-dessous du taux de celle qui est en activité.

Cela s'explique par le besoin qui pousse l'homme à rechercher même au détriment de son semblable, les moyens nécessaires à son existence. C'est la concurrence, c'est la lutte pour la vie ; nous constatons un fait sans le discuter. Nous dirons cependant que la valeur du travail humain devrait échapper à ces fluctuations humiliantes pour la dignité de l'homme, que la paix sociale est intéressée au plus haut degré à ce que tout citoyen trouve dans le travail le minimum des ressources nécessaires à son existence propre et à celle de ses enfants.

Pour atteindre ce but essentiellement moralisateur, les grands industriels devraient s'inspirer des sentiments de bonté, de générosité et de justice, et en faire la règle absolue dans leurs rapports avec leur personnel.

Français détachés de la mère-patrie par l'abus de la force contre le droit, la suppression de la loi sur la naturalisation ne saurait les viser, pas plus d'ailleurs que tout autre mesure législative ayant pour but la protection de nos nationaux contre la concurrence étrangère.

Malheureusement pour le repos public, l'intérèt matériel dominant toute considération humanitaire, un certain nombre d'industriels ont abuséde l'excessive abondance de la main-d'œuvre étrangère pour réduire à des limites extrèmes le prix de la « Journée ».

Peu à peu et du fait de quelques-uns de nos grands patrons, l'emploi des éléments ouvriers de nationalité étrangère s'est généralisé à ce point qu'ils forment dans certains centres la totalité du personnel occupé dans les ateliers, dans les chantiers et dans les usines.

La grandeur même de la cause nationale que nous avons la prétention de défendre ici nous oblige à déclarer formellement qu'il serait souverainement injuste de confondre dans une même accusation le patronat tout entier, comme responsable de l'intrusion chez nous des ouvriers de nationalité étrangère.

Nous sommes avant tout les amis sincères de la vérité, les défenseurs irréductibles de nos droits méconnus, et à ce double titre, il importe pour le succès même de nos idées, que notre œuvre porte en elle l'empreinte du calme et de la sérénité d'esprit : vertus sans lesquelles les meilleures des causes peuvent être irrémédiablement compromises.

Il faut donc savoir distinguer entre ceux des employeurs qui, dans un but de haine et de rapacité, ont fait appel à la main-d'œuvre étrangère, et ceux des employeurs qui ont subi et qui subissent encore la loi imposée par les premiers.

Exemple : M. Krankouister a fait venir chez nous plusieurs cargaisons de travailleurs exotiques qu'il a installés dans ses fabriques d'huile de graine ou dans ses fabriques de savon. Cette substitution des ouvriers étrangers aux ouvriers français lui a permis de produire ses huiles ou son savon avec un écart en moins de 5 francs par 100 kilogrammes sur le prix de revient des mêmes marchandises fabriquées par les usines similaires ayant un personnel français, c'est-à-dire, mieux rétribué.

Il est de toute évidence que, dans un pareil cas, les patrons les mieux disposés en faveur de nos nationaux, en sont réduits à ces deux extrémités également pénibles : la diminution des salaires ou la fermeture de leurs usines. Et ce qui est vrai pour l'huilerie et la savonnerie l'est aussi pour les autres branches de l'industrie nationale.

Souvent ce M. Krankouister et ses pareils sont eux-mêmes ou des étrangers ou des naturalisés (1) n'ayant qu'un souci : celui de nous exploiter le plus consciencieusement possible. Il n'en est pas moins vrai qu'ils règlent à la fois le taux des salaires et les cours des produits de l'industrie.

Aujourd'hui, nous le répétons, la plupart des grandes usines n'emploient que des étran-

_____

(1) Il y a 180.000 patrons de nationalité étrangère établis en France.

gers... rien que des étrangers. Et si parfois des Français pressés par le besoin s'y présentent pour solliciter du travail, ils sont reçus par un contre-maître de nationalité étrangère ; la réponse est invariable : « Il n'y a rien ici pour les Français ??? En France, dans des usines françaises... il n'y a point de place pour nos nationaux.

Et c'est un étranger, un ennemi de la France, qui est chargé d'éconduire nos compatriotes avec cette formule déconcertante pour la raison: « Il n'y a rien ici pour les Français ». Paroles pour le moins imprudentes et qui ne manquent pas de suggérer de bien graves réflexions dans l'esprit des Français qui en sont l'objet. Eh quoi! voilà un citoyen probe, honnête, laborieux ; il appartient à une vieille génération de braves gens ; le grand-père fit partie des armées de la première République, et, devant les forces des coalisés comme devant les traîtres, il était de ceux qui poussaient à pleine poitrine ces cris vengeurs et de défi : « Vive la liberté ! Vive la nation ! »

Plus tard, le père était de la phalange lancée à la conquête des peuplades sauvages ; sur les territoires conquis par une poignée de héros, des Français ont pu édifier leur fortune industrielle et commerciale, et aujourd'hui, ce petit-fils du volontaire des armées de la Révolution, ce fils du légionnaire des conquêtes coloniales, ce citoyen, disons-nous, lui-même serviteur dévoué de la France, est insulté, dans sa détresse, par un étranger à la Nation. Et que lui importe désormais, et que nous importe à nous-mêmes que l'usine se ferme ou qu'elle reste ouverte : née de notre civilisation, elle n'abrite plus maintenant aucune famille française et les ressources qu'elle crée ne profitent qu'à ceux qui se jouent ouvertement des destinées de notre race.

Mais, quelle que soit l'intensité de l'ardeur anti-nationale qui inspire et fait agir un certain monde industriel, ce dernier n'en est pas moins obligé de dissimuler le vrai but qui le dirige. En d'autres termes, certains grands industriels, entrepreneurs ou usiniers, ont un intérêt de premier ordre à étaler hypocritement, devant l'opinion publique, des sentiments de patriotisme qu'ils sont loin de posséder.

Cela prouve qu'ils se rendent un compte exact de leur situation : elle serait irrémédiablement compromise ou perdue si les Français finissaient par voir clair dans leurs ténébreuses machinations.

En effet, ces industriels ont leurs usines en France, la clientèle qui achète leurs produits est une clientèle française. Ils prennent donc dans la poche de nos compatriotes l'argent avec lequel ils entretiennent chez nous et contre nous une véritable armée d'étrangers.

D'autre part, en substituant la main-d'œuvre étrangère à la main-d'œuvre française, en jetant nos nationanx à la porte des ateliers, des chantiers et des usines, les grands employeurs cherchent, évidemment, à faire naître dans l'esprit des travailleurs français, la haine de leur propre pays... la haine de la nationalité française.

Dans tous les cas, que l'attitude anti-nationale des grands employeurs soit dictée par leur amour immodéré de l'or ou par leur haine de la France, le résultat est le même : les Français sont dépouillés de leurs droits au profit des étrangers.

Examinons maintenant la valeur des arguments invoqués par les grands employeurs pour justifier de leur patriotisme :

Si, disent-ils, nous employons la main-d'œuvre étrangère, c'est que nous avons avant tout le souci réel, la préoccupation constante de la prospérité du pays ; que les bras font défaut chez nous, que les Français sont réfractaires à certains travaux. D'un autre côté, si nous voulons lutter contre les produits de l'industrie étrangère, il est de toute nécessité que les ouvriers acceptent de travailler pour un salaire très réduit.

Vous voyez bien, ajoutent-ils, que nous sommes, nous, les vrais, les seuls bons français.

Cette argumentation porte à faux, et nous n'aurons pas beaucoup de peine à démontrer, point par point, les sophismes qu'elle récèle :

1° *Prospérité du pays.* — La prospérité d'un pays suppose, naturellement, l'aisance relative du haut en bas de l'échelle sociale. Or, dans l'immense mouvement qui constitue l'activité nationale, laquelle seule crée la richesse, chaque membre de la nation doit trouver l'emploi judicieux de son activité propre et son effort particulier dans l'effort collectif, doit lui assurer un minimum d'aisance et de bien-être. Ce qui revient à dire que l'industrie en activité peut et doit répandre autour d'elle l'animation et la vie. Il suffit, pour cela, que les chefs d'industrie ou d'entreprises quelconques abandonnent aux ouvriers et aux employés, sous forme de salaire, la part la plus large des bénéfices réalisés. Cette prétention n'a rien d'excessif, rien de bien révolutionnaire. Malheureusement encore, dans la pratique journalière des affaires, les grands employeurs que nous visons organisent la fortune insolente en haut et la misère désespérante en bas.

Si l'ouvrier et l'employé gagnent peu, ils ne peuvent laisser beaucoup entre les mains de ceux qui vivent du commerce ou de l'exercice de petites industries ; au contraire, quand l'ouvrier et l'employé gagnent un salaire convenable, l'aisance et la prospérité se distribuent dans les milieux populaires ; les haines sociales disparaissent du cœur de l'homme pour faire place à la tranquillité morale d'où découle la joie de vivre, c'est-à-dire : *la paix dans la Nation.*

Il est donc excessif que ceux des grands patrons qui ont recours à la main-d'œuvre étrangère puissent prétendre qu'ils assurent la prospérité du pays en avilissant les salaires et en sacrifiant de parti-pris les intérêts matériels de nos nationaux.

Les étrangers, il est vrai, travaillent pour un modique salaire, mais on oublie de nous dire ce que deviennent en la circonstance les Français que l'on a dépouillés de leurs droits au travail national. On oublie de nous dire également que les étrangers, les Italiens surtout, coopèrent d'une façon très active à l'épuisement de nos ressources par le drainage incessant de notre numéraire. A Marseille, notamment, le soir ou le lendemain de la paie, les bureaux de postes sont pris d'assaut par une population pressée d'envoyer à l'étranger les économies réalisées sur le salaire de la semaine. C'est ainsi que dans cette seule ville 150 millions de salaires sont frustés chaque année aux familles des travailleurs français et par suite au commerce local : à l'épicerie, à la boucherie, à l'habillement, etc., etc.

Il n'est peut-être pas inutile de répéter que les Italiens se nourrissent de peu, qu'ils se logent par groupes dans une seule pièce, dans un taudis, n'importe où ; que dans ces conditions d'existence que nul chez nous n'oserait imposer aux animaux domestiques, ils peuvent s'offrir à tous prix tout en réalisant encore sur leur salaire, une économie qui n'est pas moindre de 50 0/0. C'est donc une somme de 75 millions qui passe chaque année, de Marseille en Italie d'où elle ne revient plus. (1)

Or, il est incontestable que si cet énorme trésor

(1) Ce qui est vrai pour la métropole l'est également pour les colonies. Exemple : Fin décembre 1902, à Ferryville, près Bizerte, (Tunisie) petite localité devenue un centre très actif depuis l'ouverture des travaux du grand arsenal maritime de Sidi-Abdallah, la paie des ouvriers occupés par l'Etat français se montait à 50.000 francs. Dans les 24 heures, 45 mille francs provenant des contribuables français

était distribué en travail à nos nationaux, Marseille retrouverait aussitôt et comme par enchantement, son ancienne opulence, sa prodigieuse fortune d'autrefois. Ce qui est vrai pour Marseille l'est également pour les autres centres atteints par le même fléau.

Il reste donc acquis qu'en substituant les travailleurs étrangers aux travailleurs français, les grands employeurs contribuent de toutes leurs forces, et pour leur intérêt seul, à la chute du commerce, à l'appauvrissement de toutes les classes de la société, à l'émiettement des forces morales et à la ruine de la France.

2° *Manque de bras.* — Quand tous nos centres industriels regorgent de chômeurs, quand le travail est devenu une véritable mendicité, quand tous les jours faute d'ouvrage, de pauvres diables tombent d'inanition dans nos rues ou meurent de désespoir, comment peut-on affirmer que nous manquons de bras ?

3° *Les Français sont réfractaires à certains travaux.* — Cette allégation est le contraire de la vérité. Les Français sont pour le moins aussi endurants et aussi robustes que tout autre race. Nous ne parlerons pas de leur goût, de leur sens artistique reconnus supérieurs.

---

ont pris sous forme de mandats-poste, le chemin de l'Italie. C'est ainsi que nos gouvernants entendent rendre la patrie forte, prospère et respectée ; ils font vendre par le fisc les guenilles de ceux de nos ouvriers sans travail qui n'ont pu payer l'impôt, et l'or ainsi obtenu sans égard aucun pour le malheur qui frappe de pauvres diables, traverse la mer et passe entre les mains des compatriotes de Crispi. Puis comme témoignage de reconnaissance pour la France, ces insulaires égorgeront quelqu'un des nôtres si toutefois il en existe sur les chantiers de l'arsenal de Bizerte.

4° *Concurrence de l'industrie étrangère*. — Le cadre restreint assigné à cette publication ne nous permet pas de nous étendre aussi longuement que l'exigerait le développement complet d'une question d'un ordre aussi important. Nous sommes donc placés dans l'absolue nécessité d'écourter notre étude sur ce point et de nous en tenir à des considérations d'ensemble.

En principe nous pouvons affirmer que les raisons invoquées pour justifier de l'emploi de la main-d'œuvre étrangère à bon marché ne sont pas des raisons serieuses. Pour les admettre comme valables, il devrait être démontré que les nations concurrentes paient à leurs ouvriers un salaire moins élevé qu'en France. Cette preuve n'existe pas sauf peut-être pour quelques-unes des nations dont l'industrie est à peine naissante. Par contre l'Angleterre paie des salaires sensiblement plus élevés que les nôtres.

C'est aux Etats-Unis d'Amérique que les ouvriers sont le mieux payés et il n'y a pas de salaire au-dessous de 5 francs par jour; c'est même un salaire très bas. Et cependant aucune des nations de la vieille Europe ne peut supporter la comparaison à son avantage au point de vue de l'activité et de la fortune industrielle et commerciale de la grande République du nouveau monde. Aux Etats-Unis la main-d'œuvre nationale est efficacement protégée par des dispositions législatives interdisant rigoureusement l'accès du sol américain aux travailleurs de nationalité étrangère qui se présentent sans ressources et à ceux qui, se nourrissant de rien, peuvent s'offrir à vil prix. Mais si la main-d'œuvre nationale est l'objet d'une protection sévère et justifiée, si les salaires sont très élevés, il faut bien reconnaître que les industriels américains sont eux-mêmes fortement protégés contre la concurrence étrangère par des tarifs douaniers presque prohibitifs. En effet, certains produits paient à leur entrée aux Etats-Unis un droit de douane 4 fois supérieur à la valeur intrinsèque des objets introduits.

C'est que de l'autre côté de l'Océan les citoyens qui président aux destinées d'un grand peuple, sont persuadés qu'une nation ne peut vivre dans l'extase de l'idéal fugitif et incertain de la « fraternité des hommes. » Cela ne veut pas dire que les dirigeants de la République des Etats-Unis soient des hommes dépourvus de toute sentimentalité ; mais ils estiment que chaque peuple a le devoir naturel et sacré de travailler lui-même à son propre bonheur, que ceux qui abandonnent leur pays d'origine pour apporter le trouble économique et moral dans la civilisation acquise par la valeur d'un autre peuple, sont des individus peu intéressants, qu'ils doivent être résolument tenus à l'écart, rejetés au delà des frontières.(1)

_____

[1] Nous donnons ci-dessous un extrait des décisions prises aux Etats-Unis au sujet du refus d'admission opposé aux bandes Italiennes à la recherche des contrées plus riches que leur propre sol natal et bonnes à exploiter; mais les pouvoirs publics qui sont à la tête de la République américaine, prévoyant avec netteté le péril futur, ont déjoué la ruse de ses envahisseurs tenaces qui, mis énergiquement dehors par la porte, essaient maintenant de s'introduire à nouveau par la fenêtre. Voici la teneur de la note communiquée à la presse: « A cause du mouvement considérable des étrangers qui cherchent à éviter l'inspection réglementaire aux « Etats-Unis d'Amérique en entrant par la voie du « Canada, M. Skinner, consul général à Marseille, donne

Il résulte clairement des quelques considérations qui précèdent, que les raisons invoquées
par certains de nos grands employeurs comme
une justification suffisante de l'emploi exclusif
de la main-d'œuvre étrangère et de la diminution des salaires, ne sont pas des raisons fondées
sur des faits positifs. Dans tous les cas, l'Etat
est toujours armé ; il peut protéger tout à la fois
les patrons et les ouvriers français contre la
concurrence étrangère.

5° *Patriotisme.* — Nous dirons tout d'abord
que la « Nation » suppose une grande famille
dans laquelle se confondent toutes les nôtres ;
que chaque membre de la nation pris individuel-
lement se doit au respect, à la conservation et à
la défense des intérêts communs.

Partant de cette doctrine, l'étranger à la

« ses derniers avis sur ce sujet, avec autorisation du se-
« crétaire du Trésorier.

« Une sévère inspection est faite maintenant par le
« gouvernement américain dans plusieurs villes du Canada
« même aussi bien que tout le long de la frontière, dans
« le but de découvrir et d'exclure les étrangers auxquels il
« est défendu, par la loi, d'entrer aux Etats-Unis.

« Les étrangers visés par cette interdiction ne sont pas
« simplement exposés à être expulsés et renvoyés chez eux,
« mais s'ils ont traversé la frontière ils sont considérés
« comme passés en contrebande et ils sont retenus en prison
« comme témoins, contre ceux qui ont favorisé leur intro-
« duction. C'est la mission du département du Trésorier de
« maintenir cette inspection et, par tous les moyens possi-
« bles, d'augmenter son efficacité. »

Voilà qui est net et énergique, Nous verrons bien si les
députés italiens oseront partir en guerre contre les Etats-
Unis en interpellant leur gouvernement comme ils ont pris
la douce habitude de le faire chaque fois qu'un espion, un
escroc ou un anarchiste est expulsé du territoire Français.

nation est un intrus que chacun peut tolérer mais que nul n'a le droit d'opposer à nos propres intérêts. Si donc, pour une cause quelconque, un ou plusieurs membres de la famille française font appel à des étrangers, s'ils leur concèdent des droits ou des privillèges qui n'appartiennent qu'à nous il est indiscutable que le pacte constitutif de la nationalité est sapé dans son esprit et dans sa base, que, logiquement et comme conséquence ceux des Français qui ont méconnu les clauses de la solidarité nationale inscrites sur ce pacte, devraient être exclus *Jure et facto* des rangs de la grande famille française. Sur ce point très précis de ce que nous appellerons le « droit national » aucun français de bonne foi ne tentera de nous contre dire.

Il reste donc comme définitivement acquis que ceux des grands employeurs qui opposent les travailleurs étrangers aux travailleurs nationaux, sont mal fondés à se réclamer de la Patrie. En réalité, ils optent tacitement pour la nationalité à laquelle appartiennent ceux qu'ils font vivre et dès lors ils ne sont plus chez nous que les agents de l'extérieur, *agents* d'autant plus dangereux, qu'ils disposent à eux seuls des moyens d'existence de plusieurs des nôtres.

CHARGES PUBLIQUES

L'envahissement de la France par l'élément étranger n'a pas, pour unique conséquence, de troubler la situation économique des travailleurs français, mais il crée encore pour nos finances publiques des charges de toute nature très lourdes à supporter.

Assistance. — On peut constater, en effet, que les Italiens poussant le sens pratique à un très haut degré, ont installer à Marseille de nombreux établissements commerciaux tenus par leurs compatriotes, ce qui leur permet de conserver entre leurs mains l'argent qu'ils ont réussi à gagner sur les chantiers et dans les usines ; que le Gouvernement du Roi a créé des écoles italiennes, qu'il subventionne des sociétés patriotiques ; mais c'est à ce genre d'établissements seuls que se borne leur initiative de colonisation provençale. Et si la France dans certaines villes étrangères, et certaines nations en France ont su comprendre leur devoir, en créant pour leurs nationaux des établissements d'utilité générale afin de ne pas imposer au pays qui leur donne l'hospitalité la charge d'assister ceux qui se trouvent avoir besoin de secours ; si, disons-nous, la France et ces diverses nations ont créé des hôpitaux, maisons de secours, etc, l'Italie a jugé plus économique et plus sage d'user sans scrupules de nos largesses et de notre générosité, de se servir sans vergogne de ce que nous avons créé, et non sans sacrifice, pour assister nos propres malheureux. Il est pénible de voir à Marseille, chose facile à constater tous les jours, des Français refusés à l'Hôpital, alors que les lits sont occupés, dans une très grande proportion, par les Italiens.

Toutes les œuvres de bienfaisance : soupes populaires, assistance par le travail, secours, etc.

sont journellement fréquentées et écumées par les sujets de S. M. le roi d'Italie. C'est l'exploitation audacieuse, régulière et méthodique de toutes les ressources de l'Assistance publique par une population étrangère en quête de libéralités toujours bonnes à prendre. Et quand le chômage, c'est-à-dire le loyer impayé, les avanies et les affronts, le pain dû au boulanger, les enfants sans vêtements et sans chaussures, quand, disons-nous, le manque de travail oblige nos nationaux à aller frapper à la porte des services de l'Assistance et des œuvres de charité, il est toujours trop tard ; il n'y a plus rien pour les secourir. Quel est donc le peuple autre que la France, assez niais, nous dirons même assez lâche pour déposséder ses propres malheureux au profit des mendiants de nationalité étrangère ?

Criminalité. — S'il est déjà malheureux de voir qu'une grande partie de la population italienne est composée d'ouvriers qui supplantent partout nos nationaux, il est encore plus pénible d'être forcé de reconnaître qu'une partie assez nombreuse de cette colonie comprend toute une classe d'individus innommables, n'ayant d'autres moyens d'existence, d'autre profession que le vol et l'assassinat, devenus pour eux comme une sorte de *sport* national, tout comme le *football* pour les Anglais.

Ils ont donné généreusement des échantillons de leur valeur criminelle dans tous les pays du monde. La plupart des Gouvernements et plusieurs souverains ont été à même de juger per-

sonnellement de leur savoir-faire à ce sujet.
Mais, si les attentats contre les souverains et les
hommes d'Etat font un certain bruit dans le
monde, il n'en est pas de même des meurtres
qui se commettent journellement dans la ville
de Marseille, sur des hommes du peuple, sur
des ouvriers pères de famille. Est-ce que l'on
s'occupe des petits ? Parfois, cependant, et lorsque l'horreur du crime soulève l'indignation
générale, les hommes qui ont charge d'assurer
la sécurité publique, annoncent gravement,
pour calmer la tempête populaire, la réorganisa-
tion et l'augmentation du personnel de la police.
Pourquoi faire ? Quelque nombreux que puissent
être les agents, ils seront toujours impuissants
à surveiller efficacement cette armée du crime.

Au lieu d'augmenter les charges publiques,
sans espoir de parvenir à dompter ni à réduire
ces chevaliers du poignard, ne serait-il pas préférable de les déloger une fois pour toutes des positions qu'ils occupent, de les cueillir en bloc dans
les repaires mêmes où ils se cachent, pour les
conduire ensuite au-delà de nos frontières ou
pour les déposer dans quelque île déserte, où
ils aient le loisir de se dévorer entr'eux.

La police marseillaise connait tous les détails
de l'organisation de ces associations de bandits
et de scélérats, mais son action contre eux est limitée et elle doit borner son rôle à enregistrer
les exploits des malfaiteurs, au lieu de les préve-
nir.

Il nous semble cependant que la défense de
la Société, contre les pillards et les assassins de

nationalité étrangère, est un droit naturel qui appartient à tous les gouvernements, que tous en usent sans que les mesures prises à cet effet puissent logiquement donner naissance à des incidents diplomatiques. Aucun peuple n'est tenu de tolérer l'entrée, encore moins à subir la présence sur son territoire des échappés des prisons ou des bagnes des nations voisines.

Le jour où les pouvoirs publics entreront franchement dans cette voie, l'orsqu'une inspection rigoureuse sera établie à nos frontières, Marseille, la Capitale du crime, et la France en général, jouiront d'une sécurité tout au moins relative.

La police deviendra, alors, numériquement suffisante, et les prisons n'ayant plus à loger la vermine que les nations voisines déversent sur notre sol, il en résultera pour nous une diminution notable des charges fiscales qui nous sont imposées.

REPEUPLEMENT DE LA FRANCE

Il n'est pas possible de nier que l'envahissement du sol national par les étrangers ne soit l'obstacle réel, la cause la plus immédiate de l'état stationnaire de notre race au point de vue du chiffre de la population.

Les législateurs de 1889-1893, n'ont pas pris garde qu'en ouvrant toutes grandes les portes de la nationalité française à tout individu qui veut y entrer, qu'en considérant comme un bien pour la nation l'accroissement incessant de l'élément étranger, ils ont provoqué à l'intérieur une lutte économique sans précédent, lutte inégale pour les indigènes abstreints à des obligations militaires que n'ont point à supporter les individus de tous pays qui viennent s'installer chez nous, et qui prennent dans le commerce, à l'atelier, au chantier et à l'usine, la place de nos nationaux.

Constituer une famille très nombreuse, c'est parfait, mais encore faut-il, dans ce cas, disposer des ressources nécessaires pour assurer l'existence du ménage, sans cesse menacé par la misère et les privations.

Il est évident que pour les chefs de famille de condition modeste, ces ressources ne peuvent avoir d'autre origine qu'un labeur opiniâtre et quotidien. Or, leur supprimer le travail pour le faire passer en des mains étrangères, c'est condamner de pauvres êtres à dépérir lentement, mais sûrement, c'est empêcher les unions futures, c'est supprimer la famille avant même qu'elle puisse naître.

LES SOPHISMES DE L'INTERNATIONALISME

Les internationalistes proclament la «fraternité humaine», et, partant de cette doctrine, ils prétendent abolir les frontières et faire de la terre une patrie commune à tous les hommes.

C'est là un rêve d'autant plus dangereux pour nous qu'il n'est point partagé par les nations qui nous entourent, pas plus d'ailleurs que par les autres peuples qui se partagent l'enveloppe terrestre.

Pour donner une solution au problème de la « fraternité humaine » il faudrait tout d'abord refondre l'humanité elle-même dans un seul et même creuset, et encore le doute peut-il subsister tout entier sur le degré de perfection morale des hommes qui sortiraient de cette gigantesque coulée. Les internationalistes sont-ils bien sûrs, peuvent-ils se porter garants que la Société, telle qu'ils la conçoivent, sera dépouillée de tous les vices qui la souillent et la dégradent et cela par ce fait seul que des assemblées délibérantes auront décrété la suppression des frontières ?

Quel que soit leur génie, qu'elle que puisse être leur grandeur d'âme, des hommes, imparfaits par cela même qu'ils sont des hommes, peuvent-ils imposer à la nature de renoncer à ses droits, aux fauves de n'être plus des fauves et faire que l'union et la paix, prennent dans le cœur humain la place des sentiments de discorde et des haines parfois féroces qui troublent et désolent l'espèce humaine, depuis l'origine des siècles.

La réalisation du rêve de la fraternité humaine a été sans cesse poursuivi dans un autre ordre d'idées, à travers les âges et dans tous les pays, avec une science et une morale sans doute plus sûres que les conceptions vagues et décevantes des apôtres de l'internationalisme moderne. Ont-ils réussi, pourtant, ceux-là qui, messagers courageux et résignés de la bonne parole, ont parcouru toutes les contrées du monde, même les plus sauvages, pour enseigner et pour prêcher aux foules l'amour pour le bien et la haine pour le mal, ont-ils réussi, disons nous, ces missionnaires de la paix, à dompter les passions qui ne cessent d'agiter et de troubler les habitants de notre pauvre planète ? En apparence seulement, il semble que les mœurs soient devenues sensiblement plus douces, mais en réalité nous ne valons guère mieux que les peuples des temps anciens, les « sages » en moins, les brouillons en plus.

Peut-on espérer, dès lors, que l'orgueil, la làcheté et l'égoïsme dont font preuve les nouveaux apôtres de l'internationalisme, feront plus pour le bien des hommes que n'ont pu le faire *l'humilité*, le *courage* et le *désintéressement* ? Selon nous, l'humanité a pour synonimes : *imperfection, injustice, misère*.et c'est folie pure que de prétendre que ces maux puissent disparaître du fait de la suppression des nationalités. Nous pensons,au contraire,que la confusion des races entraînant avec elle la disparition du génie particulier de chaque peuple provoquerait un temps d'arrêt dans la marche déjà si lente du progrès vers le bien.

Nous nous demandons, en effet, ce que le genre humain pourrait gagner en bienfaits par la disparition des limites de la France, de la Suisse, de la Belgique et de celles de tous les peuples, grands ou petits. Par contre, nous apercevons très distinctement tout le mal qui résulterait de l'absorption, inévitable si l'on n'y prend garde, des races peu prolifiques mais au génie supérieur par des races inférieures et envahissantes, qui excellent à peupler.

On a dit de nous, et notre orgueil national

peut s'en glorifier, que la France est le *flambeau lumineux* qui éclaire l'humanité et la guide sur sa route vers un avenir meilleur.

N'est-il pas évident que cet éloge ainsi rendu au génie de la France, s'applique exclusivement à la race française, et nullement à une simple expression géographique.

Eh bien ! n'y a-t-il pas lieu de redouter que ce *flambeau* éclatant ne s'éteigne et disparaisse tout-à-coup de la scène du monde, enseveli sous les ruines mêmes de la Patrie livrée à l'étranger? Ou bien encore, que ce flambeau perde de sa splendeur et de sa puissance irradiante par ce que l'on aura, en nombre considérable, baptisé Français des individus d'origines les plus différentes étrangers à notre passé de gloire et n'ayant ni les mœurs, ni les qualités maîtresses qui forment le Génie particulier de notre race.

Les nationalités, c'est l'ordre de bataille, c'est la place assignée des bataillons homogènes dans le grand combat pour le bonheur des humains.

Or, si l'existence des nationalités, petites ou grandes, est une nécessité inéluctable, si elles constituent un élément sans lequel la confusion et la tyrannie peuvent se partager le monde, encore faut-il que chaque nation ait le désir de vivre et la volonté de défendre ses biens, ses libertés et son indépendance.

C'est ici surtout qu'apparaissent clairement les sophismes idiots des grands prêtres de l'internationalisme. Quand nous nous plaignons de l'envahissement de notre sol par des individus de nationalité étrangère, quand notre place au travail se rétrécit ainsi, un peu plus chaque jour, les internationalistes nous répondent : Italien ou Allemand, Belge ou Chinois, tout homme est un *frère*, et comme tel il a droit à la vie sur le sol où il se trouve.

Mais d'où émane ce droit ? comment s'appelle-t-il ? Qui doit, qui peut assurer les moyens de vivre aux innombrables individus qui, nés dans d'autres pays, les abandonnent pour venir s'installer chez nous ? Par quels moyens les faire vivre ? Par le travail, répliquent triomphalement les intellectuels internationalistes. Ils ignorent, eux, ces charlatans audacieux, ces savants imbéciles, ces traites à toutes les causes, ces cyniques exploiteurs des misères du peuple, ils ignorent, disons-nous, que les ressources d'une nation ont une limite déterminée par la nature elle-même.

Exemple : cinq personnes composant une famille, possèdent une propriété rurale qu'elles exploitent avec tous les soins exigés par l'art de la culture intensive. La production obtenue est le maximum du rendement. Elles vivent, c'est vrai, mais elles n'ont rien de trop, rien qui leur permette de réaliser un capital par un excédent de récolte. Les internationalistes surviennent et disent au chef de cette famille d'agriculteurs : il nous est arrivé deux Chinois et trois Italiens, ce sont des hommes commes vous, ce sont des frères; il leur a plu de quitter la Chine ou l'Italie, ils sont là accueillez-les, faites les travailler et faites les vivre. Eh bien! pensez vous que la nature voudra bien tenir compte des nécessités nouvelles imposées par la doctrine de l'internationalisme ?

Nullement, et les champs cultivés donneront en rendement ce qu'ils donnaient avant l'arrivée des cinq nouveaux *frères*, c'est-à-dire de quoi faire vivre cinq personnes seulement. Et alors, ce chef de famille auquel on veut imposer la charge impossible de nourrir cinq étrangers, n'a-t-il pas le droit de se récuser et de dire aux tristes sires de l'internationalisme :

« Ces champs que vous voyez aujourd'hui si ferti-
« les, étaient autrefois couverts de ronces et d'épines;
« je les ai défrichés, je les ai amendés peu à peu, mais
« avec une grande somme de patience et d'efforts sou-
« tenus. Je les ai arrosés de ma sueur et j'ai dépensé
« en force physique tout ce qu'un homme peut donner.
« J'ai constitué une famille et ces trois gars que vous
« voyez là creusant ces sillons pour la moisson nou-
« velle ce sont mes fils. Je les aime et ils me vénèrent.
« L'un a déjà servi le pays, les deux autres seront
« soldats demain. Tous nous aimons notre grande et
« chère France. Les étrangers que vous me présentez
« et que vous dites mes frères, ont fui, les uns soit
« l'Italie, ou diverses autres contrées de l'Europe, les
« autres la Chine. Pourquoi cela ? Que n'aiment-ils
« comme nous, le coin de terre où ils sont nés ? Peut-
« être ont-ils commis quelque crime abominable, ou
« bien encore sont-ils d'un naturel indolent, et inca-
« pables par eux-mêmes, de rien tenter pour briser
« les obstacles qui s'opposent au progrès de la civili-
« sation dans leur pays. Quoiqu'il en soit, je ne puis
« rien pour eux. Mes champs donnent à peine de
« quoi nous suffire, et ma femme et mes fils me sont
« autrement chers que ces frères inconnus.

« Sachez-le, cependant, je n'ai point contre ces
« étrangers ni haine ni rancune, car nous sommes
« tous ici des cœurs bons et généreux. Mais que faire?
« Que pouvons-nous contre les inexorables lois de la
« nature?

« Ah ! si vous possédez quelque secret magique,

« si votre science dont on parle tant commande aux
« éléments, si elle peut, en souveraine maîtresse,
« faire sortir à volonté des entrailles de la terre les
« plus riches moissons qu'elle ne donne qu'une fois ·
« l'an, alors, mais alors seulement je puis accueillir
« vos protégés parce qu'il me sera possible de les
« faire vivre.

 « Et si vous ne pouvez rien contre le cours jusqu'ici
« immuable des choses, si vous êtes impuissants à
« dompter la nature, alors dites plutôt à ces étran-
« gers que le pays d'où ils nous viennent … c'est là
« qu'ils doivent vivre. !

 « Ou bien encore si la patrie où ils sont nés se
« montre ingrate et cruelle à leur égard, prenez une
« carte du monde et montrez à ces *frères*, ces immen-
« ses étendues de terres vierges qui sollicitent vai-
« nement les bras de l'homme pour les défricher et
« pour les fertiliser,

 « Qu'ils aillent là, y créer une civilisation nou-
« velle, et ne venez pas me dire que l'idéal de la Frater-
« nité humaine, consiste à affamer nos propres en-
« fants sans même que les souffrances ainsi imposées
« aux nôtres puissent contribuer en rien au bonheur
« de ces étrangers ».

Ce qui est vrai pour cette propriété rurale l'est
également pour les centres industriels, et les ouvriers des villes ont le droit absolu et bien fondé
de tenir aux pontifes de l'internationalisme le
même raisonnement que le chef de cette famille
d'agriculteurs.

Nous sommes déjà trop nombreux par nous-
mêmes et la misère qui nous étreint ce sont les
étrangers qui nous l'apportent. Aussi leur disons-
nous : si vous êtes vraiment nos *frères*, au lieu de
nous ravir notre bouchée de pain, allez-vous-en
sur des terres nouvelles; elles vous donneront les
richesses et les trésors que vous enviez.

CONCLUSION

Un homme d'Etat a dit que le plus grand fléau pour une nation c'est la perte de son indépendance. Il aurait pu ajouter que c'est sur les classes laborieuses, particulièrement sur les ouvriers que pèse le plus lourdement le fardeau de la servitude.

Seuls, les grands financiers cosmopolites, les traitres et les rampants trouvent aisément auprès des nouveaux maitres de leur pays la récompense qui s'attache à leurs turpitudes et à leur répugnante bassesse, mais pour les humbles, pour les âmes nobles et fières : plus de droits respectés, plus de justice, plus d'espérance.

En effet, la dépossession et la dispersion de la race vaincue, voilà la règle du vainqueur.

Quel frein opposer, comment se défendre contre les exactions spoliatrices et contre la tyrannie? Que peuvent les Polonais, par exemple, contre l'arbitraire des Chambres prussiennes qui ont voté tout récemment un crédit de cent millions de marcks pour les exproprier des biens qu'ils possèdent sur leur ancien territoire aujourd'hui annexé au royaume de Prusse ?

Que peuvent les Alsaciens-Lorrains contre les vexations et les brutalités Allemandes ?

Et les Boërs, eux qui vivaient libres et heureux sur les terres qu'ils ont défrichées, comment et par quels moyens pourront-ils se défendre aujourd'hui contre l'ostracisme et la rapacité féroces de leurs maîtres : les Anglais ?

Et vous mêmes Marseillais et provençaux qui vous plaignez à bon droit que les Italiens vous supplantent partout dans le commerce, à l'atelier au chantier et à l'usine, que pourriez-vous contre leur force d'expansion si le plan de feu Crispi se réalisait un jour ? (1) Est-ce qu'un seul d'entre vous trouverait grâce devant l'arrogance déjà si intolérable de l'élément italien ?

D'autre part, que l'on ne vienne plus nous parler de solidarité ouvrière internationale, de mains tendues par-dessus les frontières.

En effet, pendant la grève générale des mineurs de France, les mineurs des autres nations ont redoublé d'activité pour extraire la houille destinée à pourvoir à tous les besoins de la consommation de notre pays.

Est-ce que, lors des dernières grèves des inscrits maritimes et des ouvriers des ports de Marseille, les Italiens des ports de Gênes, de Brindisi et d'ailleurs ont fait — eux qui sont si mal payés — cause commune avec leurs camarades en grève ? Allons donc ! Bien mieux, les ouvriers Italiens qui peuplent les quais du port de Marseille,

---

(1) Les chauvins Italiens toujours pleins de suffisance, oublient volontiers la débandale générale de leur armée d'Afrique devant les quelques milliers d'Ethiopiens incomplètement armés. Or, nous sommes persuadés que le jour où les Italiens tenteront de s'emparer de la Provence, du Dauphiné et de la Savoie qu'ils convoitent ouvertement, les Monts Alpins seront les témoins d'une série de nouveaux désastres d'Ad oua avec cette circonstance autrement périlleuse pour les assaillants que les Ethiopiens seront cette fois des Français d'autant plus décidés à frapper juste et fort qu'ils ont fait l'unité de l'Italie ne recevant en échange que débordement de convoitise et d'appétit.

qui sont même les seuls maîtres sur ces quais (1)
ont assuré le chargement et le déchargement des
navires étrangers pendant toute la durée de la
grève qui restait ainsi limitée aux seuls navires
français.

Les mains que l'on nous tend par dessus les
frontières sont donc des mains traîtresses, des
poings fermés qui s'abattent sur nous.

---

(1) Depuis de longues années, aucun ouvrier français
n'est admis à travailler sur les quais des ports de l'Italie.
Nous pourrions citer les noms d'un groupe d'ouvriers
marseillais, lesquels ayant voulu tenter l'aventure sur les
quais de Gênes furent entourés, menacés et finalement
obligés de reprendre le chemin de la France.

Tout récemment, quatre de nos compatriotes, ouvriers
maçons, parvinrent à être embauchés sur un chantier de
construction, à Milan. Les ouvriers italiens au nombre
d'une cinquantaine cessèrent aussitôt le travail et exigèrent
du patron le renvoi immédiat des ouvriers français, ce qui
eut lieu sur l'heure.

D'autre part, il existe à Gênes un comité secret très
puissant qui entretient à Marseille des agents chargés de
fomenter des grèves périodiques et de ruiner ainsi le
premier port maritime de France. L'action de ces agents
n'est ni difficile ni périlleuse pour eux. En effet, les ouvriers
français qui ont fréquenté ou qui fréquentent encore la
Bourse du Travail de Marseille, savent que les syndicats
dits « internationaux » les seuls qui reçoivent des subsides
des pouvoirs publics, sont des organisations où l'élément
italien forme l'immense majorité des membres qui les com-
posent. Dans ces conditions le terrain est merveilleusement
préparé et les émissaires Génois sont bien chez eux à la
Bourse Italienne improprement dénommée « Bourse du
Travail». Jusqu'au jour où les agitateurs étrangers seront
démasqués, saisis au collet et mis dans l'impossibilité de
nuire, les Marseillais peuvent s'attendre à de nouvelles
catastrophes économiques. En attendant, le devoir des ouvriers français est de faire le vide autour d'une institution
si contraire à leurs intérêts.

En résumé, les classes laborieuses, les ouvriers nationaux surtout, sont les premiers intéréssés à la défense du territoire de la France contre les convoitises des nations voisines. Ils ne doivent pas craindre d'affirmer en toute occasion leur attachement pour notre pays et leur volonté formelle d'imposer silence à ceux qui, de propos délibéré, tenteraient de l'amoindrir au profit exclusif de l'étranger.

Et désormais, lorsque les tristes personnages de l'internationale oseront paraître dans nos réunions publiques pour y rééditer leurs discours haineux et anti-français, il faut que tous nos camarades présents se lèvent comme un seul homme pour cracher à leur face tout le dégout et tout le mépris que nous fait éprouver leur infecte besogne.

D'un geste énergique et décisif, à ceux qui nous incitent, à lutter contre nous-mêmes, contre telle ou telle catégorie de Français, n'hésitons pas à leur montrer le chemin le plus direct qui conduit hors de France. Oui, qu'ils aillent là, à Naples ou à Berlin prêcher leur fatale doctrine ou annoncer à leurs maitres que la France laborieuse s'est enfin dépouillée de l'affreuse vermine qui la souillait et la contaminait depuis si longtemps.

Mais il doit être bien entendu que si les classes laborieuses, si les ouvriers nationaux ont le devoir impérieux, le souci ardent de défendre la nation contre les entreprises de l'étranger ou de ses agents, par contre ils ont le droit absolu, —

droit imprescriptible — de revendiquer pour eux seuls, à l'exclusion des étrangers, tous les avantages matériels qui découlent de la prospérité économique de la France.

Il faut que l'on sache bien que la masse de la nation ne tolèrera plus que des intérêts mesquins et mal compris puissent impunément, sans raison, se servir des étrangers pour affamer ou pour réduire nos propres travailleurs.

Une loi s'impose qui consacre notre droit de vivre sur le sol où nous sommes nés en mettant un terme à l'envahissement de la France par des individus de tous pays dont la plupart, nous le répétons, ne viennent chez nous, que pour nous exploiter, pour nous diviser, pour nous affaiblir et nous ruiner.

La Chambre, dans sa séance du 7 février 1903, s'est déjà occupée de la question mais en raison même de l'influence prépondérante qu'exercent sur le Parlement les grands chefs de l'internationalisme et en dépit des efforts de MM. *Gauthier* (de Clagny) de *Mahy* et *Ferrette* la majorité s'est bornée à faire sur ce sujet une manifestation toute platonique.

Mais grâce à la ténacité des défenseurs sincères des intérêts économiques de la nation, la question de la protection du travail national (main-d'œuvre, commerce, industrie) contre la concurrence étrangère sera portée à nouveau devant la Chambre. Dans quel sens celle-ci se prononcera-t-elle ? C'est ce que nous verrons. Toutefois, il y a lieu de craindre que les dispositions législatives qui seront adoptées, ne soient qu'une déception nouvelle venant s'ajouter à tant d'autres.

Poussés par le courant populaire contre lequel ils se sentent impuissants à réagir, les députés internationalistes, usant de ruse, voteront peut-être la création d'une taxe si anodine que la question des étrangers subsistera tout entière.

Après quoi, ces députés pourront dire aux Français : *Nous avons voté contre les étrangers,* et aux étrangers ils diront : *Usez de la déclaration et de la naturalisation, car, non seulement vous n'aurez à payer aucune taxe mais encore vous aurez des droits égaux même à ceux des Français dont les ancêtres sont morts sur les champs de bataille pour la défense de la France et de ses libertés.* Bien « mieux, vous ne serez jamais inquiétés dans « l'exercice de vos droits ainsi acquis, tandis que « nous continuerons à exercer des représailles, « à troubler la conscience et à bannir au besoin « les anciens français qui aiment passionnément « leur pays. Et s'il vous plait d'insulter à la tradi « tion nationale, si vous *plantez sur le fumier le* « *drapeau tricolore,* si vous criez : « à bas la « France et son armée » nous obtiendrons pour « vous places et faveurs.

« D'ailleurs, rien ne vous empêchera de renier « au moment précis où votre intérêt l'exigera, « la nationalité française pour être ce que vous « avez toujours été : Italiens, Allemands où « Chinois. »

Mais l'expérience douloureuse du passé, les sombres dangers de l'heure présente, constituent pour tous les vrais Français, une leçon et un enseignement contre lesquels ne sauraient prévaloir la duplicité et les sophismes intéressés des internationalistes.

La protection du travail national doit être assurée :

1° Par l'application d'une taxe sur tout individu de nationalité étrangère qui vient en France pour y gagner de l'argent;

2° Par le vote d'une loi reconnaissant aux français sans travail le droit absolu de prendre la place partout ou l'étranger travaille ;

3° Par la suppression où tout au moins par l'amendement dans un sens fortement restrictif de la loi sur la « naturalisation ».

Seront de nos amis ceux de nos législateurs qui s'efforceront d'obtenir du Parlement la sanction réclamée par les justes revendications des classes laborieuses.

Quant aux autres, à ceux des députés qui croiront devoir demeurer fidèles à la doctrine internationaliste, si contraire aux intérêts de la nation, à ceux-là nous leur dirons, le cas échéant :

« Vous sollicitez de nous un mandat qui
« vous permette de trahir la cause nationale,
« vous êtes des étrangers servant l'Etranger.
« Pour nous Français, vous êtes des ennemis.»

FIN

www.ingramcontent.com/pod-product-compliance
Lightning Source LLC
Chambersburg PA
CBHW070940280326
41934CB00009B/1960